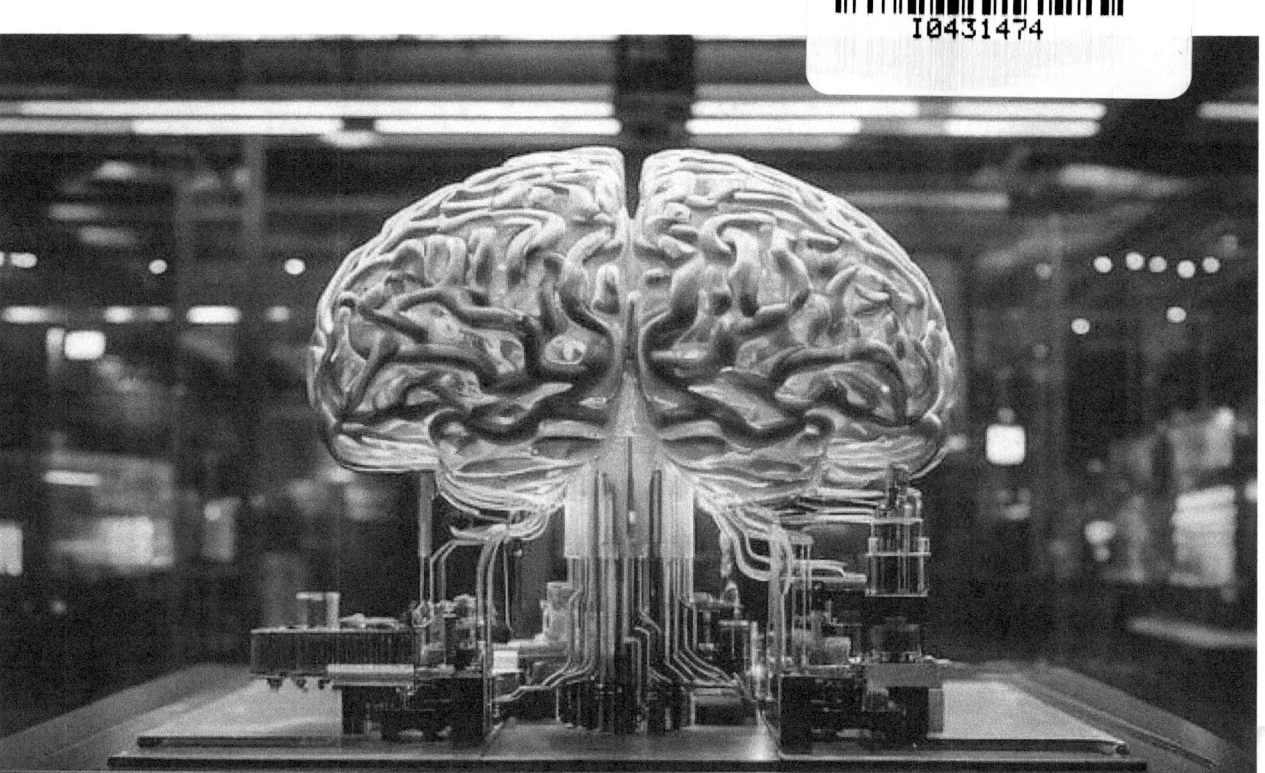

Introducción: Desentrañando el Mundo de la Inteligencia Artificial

En los últimos años, la inteligencia artificial ha emergido como una fuerza transformadora que está moldeando nuestro mundo de formas nunca antes imaginadas. Desde asistentes virtuales que responden a nuestras preguntas hasta sistemas de diagnóstico médico que rivalizan con la precisión de los expertos humanos, la inteligencia artificial se ha convertido en un pilar fundamental de la sociedad moderna.

Este libro, "Dominando la Inteligencia Artificial: De los Fundamentos a las Aplicaciones Avanzadas", es una exploración profunda de este fascinante campo que abarca desde sus fundamentos más básicos hasta sus aplicaciones más avanzadas. En estas páginas, te invitamos a adentrarte en el emocionante mundo de la inteligencia artificial y descubrir cómo está transformando cada aspecto de nuestras vidas.

Comenzaremos nuestro viaje con una mirada retrospectiva a la historia de la inteligencia artificial, desde sus humildes comienzos en los laboratorios de investigación hasta su ubicuidad en la sociedad actual. Exploramos los conceptos básicos de la inteligencia artificial, desde los algoritmos fundamentales hasta las redes neuronales avanzadas, proporcionando una base sólida para comprender los temas más complejos que vendrán más adelante.

A medida que avanzamos, examinaremos las diversas aplicaciones de la inteligencia artificial en campos tan diversos como la medicina, la industria, el comercio electrónico y más. Descubrirás cómo la inteligencia artificial está revolucionando la forma en que interactuamos con el mundo que nos rodea, mejorando la eficiencia, la precisión y la accesibilidad en una amplia gama de industrias y sectores.

Sin embargo, junto con sus increíbles promesas, la inteligencia artificial también plantea desafíos éticos y preocupaciones sociales que no deben pasarse por alto. Desde el sesgo algorítmico hasta la privacidad de los datos y el desempleo tecnológico, examinaremos de cerca los impactos potenciales de la inteligencia artificial en nuestra sociedad y explicaremos cómo podemos abordar estos desafíos de manera responsable y equitativa.

Finalmente, miraremos hacia el futuro y nos sumergimos en los avances más recientes y las tendencias emergentes en el campo de la inteligencia artificial. Desde la inteligencia artificial explicativa hasta los sistemas cuánticos y más allá, te invitamos a imaginar el emocionante potencial de un mundo impulsado por la innovación y el descubrimiento continuo.

Con esta introducción, te invitamos a embarcarte en un viaje de descubrimiento y aprendizaje mientras exploramos el apasionante mundo de la inteligencia artificial. A lo largo de estas páginas, esperamos inspirarte, desafiarte y, sobre todo, equiparte con el conocimiento y la comprensión necesarios para navegar por un mundo cada vez más impulsado por la inteligencia artificial.

¡Bienvenido a un mundo de posibilidades ilimitadas!

Capítulo 1: Fundamentos de la Inteligencia Artificial

La inteligencia artificial (IA) ha capturado la imaginación de la humanidad durante décadas, prometiendo avances revolucionarios en campos que van desde la atención médica hasta la automoción. En este primer capítulo, nos sumergimos en los fundamentos de la inteligencia artificial, explorando su definición, historia y los algoritmos básicos que la impulsan.

1.1 Introducción a la Inteligencia Artificial

La inteligencia artificial se refiere a la capacidad de las máquinas para realizar tareas que normalmente requieren inteligencia humana. Esto puede incluir el reconocimiento de patrones, la toma de decisiones, el procesamiento del lenguaje natural y mucho más. La IA se ha convertido en un campo interdisciplinario que combina principios de informática, matemáticas, psicología, lingüística y más.

La historia de la inteligencia artificial se remonta a la década de 1950, cuando investigadores como Alan Turing y John McCarthy comenzaron a explorar la idea de crear máquinas capaces de pensar y aprender como seres humanos. A lo largo de las décadas, la IA ha experimentado períodos de gran optimismo y desilusión, conocidos como "veranos" y "inviernos" de la IA, respectivamente. Sin embargo, en los últimos años, los avances en tecnología, el acceso a grandes cantidades de datos y el desarrollo de algoritmos más sofisticados han impulsado un resurgimiento de la inteligencia artificial.

1.2 Algoritmos Básicos en Inteligencia Artificial

Los algoritmos son la columna vertebral de la inteligencia artificial, permitiendo a las máquinas aprender de los datos, tomar decisiones y mejorar con el tiempo. En esta sección, exploramos tres tipos principales de algoritmos utilizados en IA:

- Aprendizaje supervisado: Este enfoque implica enseñar a una máquina a través de ejemplos etiquetados. Por ejemplo, si queremos entrenar un modelo para reconocer imágenes de gatos, proporcionamos algoritmos con imágenes de gatos etiquetadas como "gato" y otras imágenes etiquetadas como "no gato". El algoritmo aprende a asociar características específicas con cada clase y puede hacer predicciones sobre nuevas imágenes.
- Aprendizaje no supervisado: En contraste con el aprendizaje supervisado, el aprendizaje no supervisado implica enseñar a una máquina a encontrar patrones en los datos sin etiquetar. Por ejemplo, podríamos utilizar algoritmos de agrupamiento para dividir un conjunto de datos en grupos basados en similitudes intrínsecas. Esto puede ser útil para segmentar clientes en un

conjunto de datos de ventas o para identificar tendencias ocultas en datos de encuestas.
- Aprendizaje por refuerzo: En este enfoque, una máquina aprende a través de la interacción con un entorno dinámico. El agente toma acciones en un entorno y recibe recompensas o castigos en función de sus acciones. El objetivo es maximizar la recompensa acumulada a lo largo del tiempo. Esto se puede aplicar en una variedad de situaciones, desde enseñar a un agente a jugar juegos hasta optimizar el rendimiento de sistemas de control industrial.

Ejemplos Prácticos y Ejercicios

Para comprender mejor estos conceptos, realizaremos una serie de ejemplos prácticos y ejercicios:

- Clasificación de Flores Iris: Utilizaremos el conjunto de datos clásico de flores Iris para demostrar el concepto de aprendizaje supervisado. Guiaremos al lector a través del proceso de entrenar un modelo de clasificación para predecir la especie de una flor Iris en función de sus características.
- Clasificación de Dígitos Manuscritos: Desafiamos al lector a clasificar dígitos manuscritos utilizando aprendizaje supervisado. Se proporcionarán instrucciones detalladas sobre cómo cargar los datos, entrenar un modelo y evaluar su rendimiento.
- Agrupamiento de Datos de Clientes: Exploramos el aprendizaje no supervisado utilizando un ejemplo de agrupamiento de datos de clientes. Aprenderemos a identificar segmentos de clientes utilizando algoritmos de agrupamiento como K-Means y a interpretar los resultados.
- Análisis de Sentimientos en Reseñas de Películas: Desafiamos al lector a realizar un análisis de sentimientos en reseñas de películas utilizando técnicas de aprendizaje no supervisado. Se proporcionarán pautas sobre cómo procesar los datos, aplicar técnicas de agrupamiento y analizar los resultados.
- Entrenamiento de un Agente para Navegar un Laberinto: Finalmente, exploramos el aprendizaje por refuerzo mediante un ejemplo de entrenamiento de un agente para navegar un laberinto. A lo largo del ejercicio, el lector experimentará con diferentes configuraciones de agente y recompensas para lograr un rendimiento óptimo.

Al final de este capítulo, los lectores habrán desarrollado una comprensión sólida de los fundamentos de la inteligencia artificial y estarán preparados para abordar problemas del mundo real utilizando técnicas avanzadas de IA. Continuaremos construyendo sobre estos conceptos en los capítulos siguientes, explorando aplicaciones más avanzadas y desafíos éticos en el campo de la inteligencia artificial.

Capítulo 2: Aprendizaje Automático y Redes Neuronales

En este capítulo, nos sumergimos en el fascinante mundo del aprendizaje automático y las redes neuronales, dos áreas fundamentales de la inteligencia artificial que han impulsado avances significativos en una amplia gama de aplicaciones. Exploramos los conceptos básicos de estos temas, acompañados de ejemplos prácticos y ejercicios para solidificar la comprensión del lector.

2.1 Introducción al Aprendizaje Automático

El aprendizaje automático es una rama de la inteligencia artificial que se centra en el desarrollo de algoritmos que pueden aprender de los datos y realizar tareas específicas sin necesidad de ser programados explícitamente. Este enfoque ha revolucionado la forma en que abordamos problemas en campos como la visión por computadora, el procesamiento del lenguaje natural, la medicina y mucho más.

En el aprendizaje automático, distinguimos entre dos tipos principales de problemas: la regresión y la clasificación. En la regresión, el objetivo es predecir un valor numérico, como el precio de una casa o la temperatura. En la clasificación, el objetivo es asignar una etiqueta a una entrada, como identificar el tipo de animal en una imagen.

Ejemplo Práctico: Predicción de Precios de Viviendas

Imaginemos que queremos desarrollar un modelo para predecir el precio de las viviendas en función de características como el tamaño, la ubicación y el número de habitaciones. Utilizaremos un conjunto de datos históricos que incluye información sobre viviendas previamente vendidas, así como sus precios correspondientes. Guiaremos al lector a través del proceso de preparación de los datos, selección de características relevantes y entrenamiento de un modelo de regresión. Utilizaremos técnicas como la regresión lineal o los árboles de decisión para construir nuestro modelo y evaluar su rendimiento utilizando métricas como el error cuadrático medio o el coeficiente de determinación.

Ejercicio 1: Clasificación de Imágenes de Dígitos Manuscritos

En este ejercicio, desafiaremos al lector a construir un modelo de clasificación para identificar dígitos manuscritos a partir de imágenes. Utilizaremos el conjunto de datos MNIST, que contiene miles de imágenes de dígitos escritos a mano, cada una etiquetada con el dígito correspondiente.

El lector deberá explorar diferentes algoritmos de clasificación, como las máquinas de vectores de soporte o los clasificadores de vecinos más cercanos, y determinar cuál produce los mejores resultados. Se proporcionarán instrucciones detalladas sobre cómo cargar los datos, preprocesar las imágenes y evaluar el rendimiento del modelo.

2.2 Redes Neuronales Artificiales

Las redes neuronales artificiales son modelos computacionales inspirados en la estructura y función del cerebro humano. Están compuestas por neuronas artificiales interconectadas, que transmiten señales a lo largo de conexiones ponderadas. Las redes neuronales son particularmente efectivas en tareas que implican reconocimiento de patrones y aprendizaje profundo.

El concepto básico detrás de una red neuronal es el perceptrón, que consiste en una sola neurona con entradas, pesos y una función de activación. Varias capas de perceptrones se combinan para formar redes neuronales más complejas, como las redes neuronales feedforward y las redes neuronales recurrentes.

Ejemplo Práctico: Clasificación de Imágenes con Redes Neuronales Convolucionales (CNN)

Las redes neuronales convolucionales (CNN) son un tipo especializado de red neuronal diseñada para el procesamiento de imágenes. En este ejemplo práctico, guiaremos al lector a través del proceso de construcción y entrenamiento de una CNN para la clasificación de imágenes.

Utilizaremos un conjunto de datos de imágenes de perros y gatos y enseñaremos al lector a diseñar una arquitectura de red neuronal convolucional, entrenarla con datos de entrenamiento y evaluar su rendimiento con datos de prueba. También discutiremos técnicas avanzadas como la regularización y la optimización de hiperparámetros para mejorar el rendimiento del modelo.

Ejercicio 2: Reconocimiento de Dígitos con Redes Neuronales Recurrentes (RNN)

En este ejercicio, exploramos las redes neuronales recurrentes (RNN), un tipo de red neuronal diseñada para modelar secuencias de datos. Utilizaremos un conjunto de datos de secuencias de dígitos escritos a mano y enseñaremos al lector a construir una RNN para reconocer y generar secuencias de dígitos.

El lector deberá diseñar la arquitectura de la red neuronal recurrente, entrenarla con datos de entrenamiento y evaluar su capacidad para predecir secuencias de dígitos en datos de prueba. También discutiremos desafíos comunes en el entrenamiento de RNN, como el desvanecimiento y la explosión del gradiente, y estrategias para mitigar estos problemas.

Conclusión

En este capítulo, hemos explorado los fundamentos del aprendizaje automático y las redes neuronales, dos áreas fundamentales de la inteligencia artificial. A través de ejemplos prácticos y ejercicios, los lectores han obtenido una comprensión sólida de los conceptos clave y están preparados para abordar problemas del mundo real utilizando estas poderosas herramientas. En los próximos capítulos, continuaremos construyendo sobre estos fundamentos y exploramos aplicaciones más avanzadas de la inteligencia artificial.

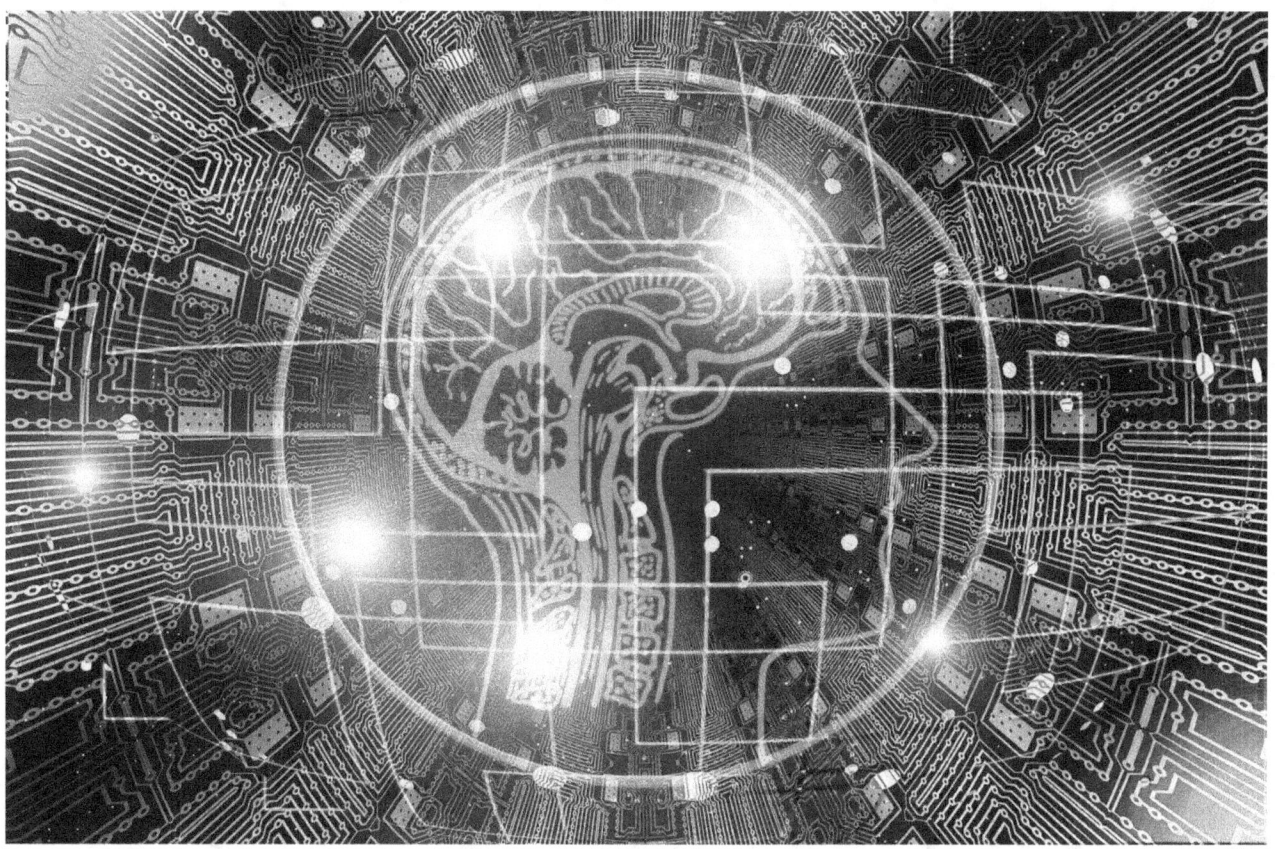

Capítulo 3: Aplicaciones de la Inteligencia Artificial

En este capítulo, exploramos diversas aplicaciones de la inteligencia artificial que están transformando industrias y mejorando la vida cotidiana. Desde el diagnóstico médico hasta la optimización de procesos industriales, la inteligencia artificial está desempeñando un papel crucial en una amplia gama de campos. A través de ejemplos prácticos y ejercicios, los lectores obtendrán una comprensión profunda de cómo se aplica la inteligencia artificial en el mundo real.

3.1 Aplicaciones de la Inteligencia Artificial en la Vida Cotidiana

La inteligencia artificial está presente en numerosos aspectos de nuestra vida cotidiana, desde los motores de búsqueda que utilizamos hasta las recomendaciones de películas en plataformas de transmisión. En esta sección, exploramos algunas aplicaciones comunes de la inteligencia artificial en la vida cotidiana y discutiremos cómo funcionan.

Ejemplo Práctico: Asistente Virtual

Los asistentes virtuales, como Siri de Apple, Alexa de Amazon y Google Assistant, utilizan inteligencia artificial para comprender y responder a las preguntas de los usuarios. En este ejemplo práctico, explicaremos cómo funciona un asistente virtual y cómo se entrenan los modelos de lenguaje natural para comprender el habla humana y generar respuestas relevantes.

Ejercicio 1: Desarrollo de un Chatbot Simple

Desafiamos al lector a desarrollar un chatbot simple utilizando herramientas de procesamiento del lenguaje natural y aprendizaje automático. El chatbot deberá ser capaz de responder preguntas básicas sobre un tema específico y mantener una conversación coherente con el usuario. Se proporcionarán pautas sobre cómo diseñar la arquitectura del chatbot, recopilar datos de entrenamiento y evaluar su rendimiento.

3.2 Aplicaciones de la Inteligencia Artificial en la Medicina

La inteligencia artificial está revolucionando la industria de la salud, mejorando el diagnóstico médico, personalizando los tratamientos y acelerando la investigación médica. En esta sección, exploramos algunas de las aplicaciones más emocionantes de la inteligencia artificial en medicina y discutiremos cómo están impactando la atención médica.

Ejemplo Práctico: Diagnóstico de Enfermedades a partir de Imágenes Médicas

Las imágenes médicas, como radiografías, resonancias magnéticas y tomografías computarizadas, contienen una gran cantidad de información que puede ser difícil de interpretar para los médicos. En este ejemplo práctico, explicaremos cómo se utilizan las redes neuronales convolucionales para analizar imágenes médicas y ayudar en el diagnóstico de enfermedades como el cáncer y las enfermedades cardíacas.

Ejercicio 2: Análisis de Datos de Pacientes para Detección Temprana de Enfermedades

Desafiamos al lector a analizar un conjunto de datos de pacientes que incluye información demográfica, historial médico y resultados de pruebas de laboratorio. El objetivo es desarrollar un modelo de aprendizaje automático que pueda identificar patrones y factores de riesgo asociados con enfermedades específicas, como la diabetes o la hipertensión. Se proporcionarán pautas sobre cómo procesar los datos, seleccionar características relevantes y entrenar el modelo.

3.3 Aplicaciones de la Inteligencia Artificial en la Industria

La inteligencia artificial está transformando la industria, mejorando la eficiencia, la calidad y la seguridad de los procesos industriales. En esta sección, exploramos algunas aplicaciones emocionantes de la inteligencia artificial en la industria y discutiremos cómo están cambiando la forma en que se fabrican los productos y se gestionan las operaciones.

Ejemplo Práctico: Mantenimiento Predictivo en Maquinaria Industrial

El mantenimiento predictivo utiliza algoritmos de inteligencia artificial para predecir fallos en la maquinaria industrial antes de que ocurran. En este ejemplo práctico, explicaremos cómo se recopilan datos de sensores en tiempo real, se analizan utilizando técnicas de aprendizaje automático y se utilizan para predecir la probabilidad de fallos en la maquinaria. También discutiremos cómo el mantenimiento predictivo puede ayudar a reducir costos, minimizar tiempos de inactividad y mejorar la seguridad en el lugar de trabajo.

Ejercicio 3: Optimización de la Cadena de Suministro utilizando Aprendizaje por Refuerzo

Desafiamos al lector a desarrollar un sistema de optimización de la cadena de suministro utilizando técnicas de aprendizaje por refuerzo. El sistema deberá tomar decisiones en tiempo real, como la asignación de recursos y la programación de la producción, para maximizar la eficiencia y minimizar los costos en la cadena de suministro. Se proporcionarán pautas sobre cómo modelar el problema, diseñar un sistema de recompensas y entrenar un agente de aprendizaje por refuerzo.

Conclusión

En este capítulo, hemos explorado algunas de las aplicaciones más emocionantes de la inteligencia artificial en la vida cotidiana, la medicina y la industria. A través de ejemplos prácticos y ejercicios, los lectores han obtenido una comprensión profunda de cómo se aplica la inteligencia artificial en el mundo real y están preparados para explorar aún más las posibilidades de esta tecnología emocionante. En los próximos capítulos, continuaremos construyendo sobre estos fundamentos y exploramos aplicaciones más avanzadas de la inteligencia artificial en campos como la robótica, la visión por computadora y más.

Capítulo 4: Ética y Desafíos de la Inteligencia Artificial

En este capítulo, exploramos las cuestiones éticas y los desafíos asociados con el desarrollo y la implementación de la inteligencia artificial (IA). A medida que la IA se vuelve cada vez más omnipresente en nuestra sociedad, es fundamental abordar estos aspectos para garantizar que se utilice de manera responsable y equitativa. Discutiremos temas como el sesgo algorítmico, la privacidad de los datos y el desempleo tecnológico, y proporcionaremos ejemplos prácticos y ejercicios para profundizar en estos temas.

4.1 Sesgo Algorítmico

El sesgo algorítmico se refiere a la tendencia de los algoritmos de IA a discriminar a ciertos grupos de personas debido a prejuicios en los datos de entrenamiento o en el propio algoritmo. Esto puede tener consecuencias graves, como la perpetuación de estereotipos y la exacerbación de la discriminación en la toma de decisiones automatizada.

Ejemplo Práctico: Sesgo en Sistemas de Contratación Automatizados

Imaginemos un sistema de contratación automatizado utilizado por una empresa para seleccionar candidatos para puestos de trabajo. Si el sistema se entrena con datos históricos de contratación que reflejan sesgos existentes en el proceso de contratación humano, como la preferencia por candidatos masculinos sobre femeninos, es probable que perpetúe estos sesgos y discrimina a ciertos grupos de personas.

Ejercicio 1: Mitigación del Sesgo en Algoritmos de Clasificación

Desafiamos al lector a explorar técnicas para mitigar el sesgo en algoritmos de clasificación. El lector deberá investigar métodos como la recopilación y selección de datos equilibrados, la regularización de modelos y la auditoría de algoritmos para identificar y corregir sesgos potenciales. Se proporcionarán ejemplos de conjuntos de datos con sesgo y se pedirá al lector que implemente estas técnicas para mitigar su impacto.

4.2 Privacidad de los Datos

La privacidad de los datos es una preocupación importante en el desarrollo de sistemas de IA, especialmente cuando se trata de datos sensibles de individuos. La recopilación, almacenamiento y uso indebido de datos personales pueden tener serias implicaciones para la privacidad y la seguridad de las personas.

Ejemplo Práctico: Anonimización de Datos de Salud para Investigación Médica

Supongamos que un equipo de investigadores desea utilizar datos de salud de pacientes para estudiar tendencias epidemiológicas y mejorar la atención médica. Para proteger la privacidad de los pacientes, los datos deben anonimiza, es decir, eliminar cualquier información que pueda identificar a un individuo, como nombres y direcciones. Sin embargo, incluso los datos anonimizados pueden ser vulnerables a la reidentificación si se combinan con otros conjuntos de datos.

Ejercicio 2: Protección de la Privacidad en Aplicaciones de Aprendizaje Automático

Desafiamos al lector a diseñar e implementar estrategias para proteger la privacidad de los datos en aplicaciones de aprendizaje automático. Esto podría incluir técnicas como el cifrado de datos, la federación de aprendizaje y la generación de datos sintéticos. Se proporcionarán escenarios de aplicación y se pedirá al lector que identifique y aplique las mejores prácticas para proteger la privacidad de los usuarios.

4.3 Desempleo Tecnológico

El desempleo tecnológico es otra preocupación importante asociada con la IA, ya que la automatización de tareas puede eliminar puestos de trabajo tradicionales y desplazar a los trabajadores. Si bien la IA tiene el potencial de crear nuevos empleos y aumentar la productividad, también plantea desafíos significativos en términos de reentrenamiento laboral y redistribución de la riqueza.

Ejemplo Práctico: Automatización en la Industria Manufacturera

En la industria manufacturera, la automatización de procesos utilizando robots y sistemas de IA ha llevado a la reducción de puestos de trabajo en algunas áreas. Por ejemplo, las líneas de ensamblaje que anteriormente requerían mano de obra humana ahora pueden ser operadas por robots que son más eficientes y consistentes en sus tareas.

**Ejercicio 3: Planificación

*

*Capítulo 5: Avances y Futuro de la Inteligencia Artificial**

En este capítulo, explicaremos los avances más recientes en el campo de la inteligencia artificial (IA) y reflexionaremos sobre las futuras direcciones y posibilidades de esta tecnología emocionante. Desde los avances en el aprendizaje profundo hasta la IA explicativa y la integración con otras tecnologías emergentes, nos sumergimos en el estado actual y el futuro prometedor de la IA.

5.1 Aprendizaje Profundo y Redes Neuronales Convolucionales (CNN)

El aprendizaje profundo ha revolucionado la IA en los últimos años, permitiendo avances significativos en áreas como la visión por computadora, el procesamiento del lenguaje natural y la robótica. Las redes neuronales convolucionales (CNN) han demostrado ser particularmente efectivas en la clasificación de imágenes y el reconocimiento de patrones en datos visuales.

Ejemplo Práctico: Detección de Objetos en Tiempo Real con CNN

En este ejemplo práctico, explicaremos cómo utilizar una CNN pre entrenada para realizar detección de objetos en tiempo real en secuencias de vídeo. Utilizaremos bibliotecas de aprendizaje profundo como TensorFlow o PyTorch para cargar y finetunear un modelo de detección de objetos, y luego lo aplicaremos a un flujo de video en tiempo real para identificar y rastrear objetos en movimiento.

Ejercicio 1: Clasificación de Imágenes con Aprendizaje Profundo

Desafiamos al lector a desarrollar un modelo de clasificación de imágenes utilizando aprendizaje profundo y una biblioteca de IA de código abierto como TensorFlow o PyTorch. Se proporcionará un conjunto de datos de imágenes etiquetadas y el lector deberá diseñar, entrenar y evaluar un modelo de clasificación de varias clases utilizando una arquitectura de red neuronal profunda, como una red neuronal convolucional.

5.2 Inteligencia Artificial Explicativa

La inteligencia artificial explicativa se refiere a la capacidad de los sistemas de IA para explicar sus decisiones y procesos de razonamiento de una manera comprensible para los humanos.

Esto es crucial para la confianza y la aceptación de los sistemas de IA en aplicaciones críticas como la atención médica, la justicia penal y el control de vehículos autónomos.

Ejemplo Práctico: Exposición de Decisiones de Modelos de IA

En este ejemplo práctico, explicaremos cómo utilizar técnicas de inteligencia artificial explicativa para exponer las decisiones tomadas por un modelo de IA en un entorno de atención médica. Utilizaremos métodos como saliency maps, LIME (Local Interpretable Model-agnostic Explanations) o SHAP (SHapley Additive exPlanations) para visualizar y explicar cómo el modelo llega a sus predicciones, lo que permite a los médicos y pacientes comprender y confiar en el sistema.

Ejercicio 2: Implementación de Técnicas de Explicabilidad en un Modelo de IA

Desafiamos al lector a implementar técnicas de explicabilidad en un modelo de IA existente utilizando una biblioteca de explicabilidad de IA como TensorFlow Explainability o LIME. Se proporcionará un modelo preentrenado y el lector deberá aplicar técnicas de explicabilidad para analizar cómo el modelo toma decisiones y proporcionar explicaciones comprensibles para sus predicciones.

5.3 Integración de IA con Otras Tecnologías Emergentes

La inteligencia artificial está convergiendo con otras tecnologías emergentes, como la computación cuántica, la realidad aumentada y la Internet de las cosas (IoT), para crear soluciones más poderosas y avanzadas. Esta integración abre nuevas posibilidades en áreas como la optimización de procesos, la personalización de experiencias y la automatización de tareas complejas.

Ejemplo Práctico: Integración de IA y IoT para la Monitorización del Hogar

En este ejemplo práctico, explicaremos cómo integrar sistemas de IA con dispositivos IoT para crear un sistema de monitorización del hogar inteligente. Utilizaremos sensores IoT para recopilar datos sobre la temperatura, la humedad y la calidad del aire en el hogar, y luego aplicaremos algoritmos de IA para analizar estos datos y proporcionar recomendaciones para mejorar la comodidad y la eficiencia energética.

Ejercicio 3: Desarrollo de una Aplicación de Realidad Aumentada con IA

Desafiamos al lector a desarrollar una aplicación de realidad aumentada (RA) que utiliza inteligencia artificial para mejorar la experiencia del usuario. Se proporcionarán herramientas de desarrollo de RA como ARKit (para iOS) o ARCore (para Android), así como modelos de IA preentrenados. El lector deberá integrar la IA en la aplicación de RA para proporcionar funciones como el reconocimiento de objetos en tiempo real, la superposición de información contextual y la interacción inteligente con el entorno.

Conclusión

En este capítulo, hemos explorado algunos de los avances más recientes en el campo de la inteligencia artificial, desde el aprendizaje profundo hasta la inteligencia artificial explicativa y la integración con otras tecnologías emergentes. A través de ejemplos prácticos y ejercicios, los lectores han obtenido una visión de las posibilidades emocionantes y el potencial transformador de la IA en el mundo actual y futuro. En los próximos años, podemos esperar aún más innovaciones y avances en este emocionante campo, que continuarán moldeando y mejorando nuestra sociedad y nuestras vidas.

Capítulo 6: Desarrollo de Aplicaciones Prácticas de Inteligencia Artificial

En este capítulo, nos enfocaremos en el desarrollo de aplicaciones prácticas de inteligencia artificial (IA). Explicaremos cómo construir y desplegar aplicaciones de IA en diferentes dominios, desde la visión por computadora hasta el procesamiento del lenguaje natural. A través de ejemplos prácticos y ejercicios, los lectores obtendrán experiencia en la implementación de soluciones de IA en el mundo real.

6.1 Desarrollo de Aplicaciones de Visión por Computadora

La visión por computadora es un campo emocionante de la IA que permite a las máquinas interpretar y comprender el contenido visual del mundo que las rodea. En esta sección, explicaremos cómo desarrollar aplicaciones de visión por computadora utilizando bibliotecas de IA populares como OpenCV y TensorFlow.

Ejemplo Práctico: Detección y Seguimiento de Objetos en Video

En este ejemplo práctico, desarrollaremos una aplicación de visión por computadora que puede detectar y seguir objetos en un flujo de video en tiempo real. Utilizaremos la biblioteca OpenCV para procesar el vídeo, identificar objetos de interés utilizando técnicas de detección de objetos como YOLO (You Only Look Once), y rastrear su movimiento a través de fotogramas sucesivos.

Ejercicio 1: Reconocimiento de Rostros en Imágenes

Desafiamos al lector a desarrollar una aplicación de reconocimiento facial utilizando la biblioteca de visión por computadora OpenCV. Se proporcionarán imágenes de personas con rostros etiquetados y el lector deberá implementar un algoritmo de reconocimiento facial que pueda identificar y etiquetar los rostros en nuevas imágenes.

6.2 Desarrollo de Aplicaciones de Procesamiento del Lenguaje Natural (NLP)

El procesamiento del lenguaje natural (NLP) es un campo de la IA que se ocupa de la interacción entre las computadoras y el lenguaje humano. En esta sección, explicaremos cómo desarrollar aplicaciones de NLP utilizando bibliotecas como NLTK (Natural Language Toolkit) y spaCy.

Ejemplo Práctico: Análisis de Sentimientos en Texto

En este ejemplo práctico, desarrollaremos una aplicación de análisis de sentimientos que pueda determinar la polaridad emocional de un texto dado, como una reseña de producto o un tweet. Utilizaremos técnicas de procesamiento de texto y aprendizaje automático para entrenar un modelo que pueda clasificar automáticamente el texto en positivo, negativo o neutral.

Ejercicio 2: Generación de Texto con Modelos de Lenguaje

Desafiamos al lector a desarrollar una aplicación de generación de texto que pueda crear automáticamente nuevos fragmentos de texto en función de un conjunto de datos de texto de entrada. Se proporcionará un corpus de texto y el lector deberá utilizar modelos de lenguaje como GPT (Generative Pre-trained Transformer) para generar texto coherente y relevante en el mismo estilo que el corpus de entrada.

6.3 Despliegue de Aplicaciones de IA en la Nube

Una vez que hayamos desarrollado nuestras aplicaciones de IA, es importante poder desplegarlas en la nube para que sean accesibles y utilizables por otros usuarios. En esta sección, explicaremos cómo desplegar aplicaciones de IA en plataformas de nube como AWS (Amazon Web Services), Google Cloud Platform y Microsoft Azure.

Ejemplo Práctico: Despliegue de un Modelo de Aprendizaje Automático en AWS

En este ejemplo práctico, desplegaremos un modelo de aprendizaje automático entrenado previamente en AWS utilizando Amazon SageMaker. Guiaremos al lector a través del proceso de empaquetar el modelo, configurar y aprovisionar un entorno de inferencia en la nube, y crear una API RESTful que permita a los usuarios enviar solicitudes para realizar predicciones con el modelo.

Ejercicio 3: Despliegue de una Aplicación de Visión por Computadora en Google Cloud Platform

Desafiamos al lector a desplegar una aplicación de visión por computadora en Google Cloud Platform utilizando servicios como Google Cloud Vision API y Google App Engine. El lector deberá configurar una interfaz de usuario simple que permita a los usuarios cargar imágenes y recibir resultados de análisis de visión por computadora en tiempo real utilizando la infraestructura escalable de la nube de Google.

Conclusión

En este capítulo, hemos explorado cómo desarrollar y desplegar aplicaciones prácticas de inteligencia artificial en diferentes dominios, incluida la visión por computadora y el procesamiento del lenguaje natural. A través de ejemplos prácticos y ejercicios, los lectores han adquirido experiencia en la implementación de soluciones de IA y están preparados para aplicar este conocimiento en proyectos reales. En los próximos años, podemos esperar ver una mayor adopción y sofisticación de las aplicaciones de IA en una variedad de industrias y sectores.

www.ingramcontent.com/pod-product-compliance
Lightning Source LLC
Chambersburg PA
CBHW081021240526
45471CB00018B/3937